Harika Salata Mutfağı
Sağlığınıza Yeşil Bir Dokunuş

Zeynep Toprak

İçindekiler

Nane ve fesleğenli domates

İçindekiler

4 domates

2 yemek kaşığı. zeytin yağı

2 yemek kaşığı. Beyaz şarap sirkesi

Tadına göre tuz ekleyin

zevkinize biber

nane yaprakları

2 arpacık, dilimlenmiş

yöntem

Öncelikle taze domatesi küp şeklinde doğrayın. Daha sonra bunları bir salata

karıştırma kabına koyun. Tadına göre biraz tuz, biraz karabiber ve

dilimlenmiş arpacık ekleyin. Onları 6 dakika tutun. Şimdi üzerine biraz beyaz

şarap sirkesi ve sızma zeytinyağı gezdirin. Şimdi üzerine taze nane serpin. Ve bu basit ve lezzetli salata her yemeğe hazır. Bu ekmek kırıntılarıyla servis edilebilir. Nane yapraklarıyla süsleyerek servis yapın.

Eğlence!

Yeşilliklerle kızılcık

İçindekiler

6 ve kesilmiş kuşkonmaz

1 demet genç ıspanak

½ bardak kurutulmuş kızılcık

Zeytinyağını gezdirin

2 yemek kaşığı. Tadına göre balzamik sirke

2 su bardağı salata sosu

Bir tutam tuz

Öğütülmüş karabiber

yöntem

Öncelikle taze kuşkonmazları doğrayıp yumuşayana kadar pişirin. Taze

bebek ıspanaklarını yıkayın. Şimdi küçük bir kaseye biraz yağ, biraz salata

sosu ve balzamik sirke dökün, üzerine biraz tuz ve karabiber serpin. Bunları iyice karıştırın. Şimdi kuşkonmazı ve bu karışımı salata kasesine ekleyip

karıştırın. Daha sonra tatlı kurutulmuş kızılcıkları ekleyin.

Eğlence!

Kızılcık ve sırlı cevizli kinoa salatası

İçindekiler

2 su bardağı pişmiş kinoa

½ bardak kurutulmuş kızılcık

5-6 adet sırlı ceviz

4 yemek kaşığı. zeytin yağı

4 İnce doğranmış domates

2 yemek kaşığı. maydanoz

2 yemek kaşığı. nane yaprakları

Biraz tuz

Tatmak için bir tutam karabiber

yöntem

Pişen kinoayı derin bir kaseye koyun. Şimdi kurutulmuş kızılcıkları ve sırlı

cevizleri kaseye ekleyin. Şimdi taze doğranmış domatesi, biraz taze maydanozu ve nane yapraklarını ekleyin ve üzerine biraz yağ gezdirin.

Hepsini iyice karıştırın. Şimdi tuz ve karabiberle tatlandırın. Bu lezzetli yemek

hazır.

Eğlence!

Somonlu makarna salatası

İçindekiler

2 parça pişmiş somon, küp şeklinde kesilmiş

1 su bardağı pişmiş makarna

2 kereviz sapı

½ bardak mayonez

2 adet doğranmış domates

2-3 adet taze doğranmış taze soğan

1 bardak ekşi krema

1 kırmızı elma küpü

1/2 limondan limon suyu

yöntem

Öncelikle derin bir kase alıp, doğranmış pişmiş somonu, pişmiş makarnayı,

taze doğranmış kereviz ve domatesi, doğranmış elmaları ve taze soğanı karıştırın. Bunları iyice karıştırın. Şimdi ev yapımı mayonez, taze krema

ekleyin ve üzerine yarım limondan limon suyu serpin. Şimdi hepsini iyice

karıştırın. Bu hazır.

Eğlence!

Ispanak ve marul salatası ile mantar salatası

İçindekiler

1 demet ıspanak

1 Romain

4-5 mantar

2 pelet

2 yemek kaşığı. İstenildiği kadar tereyağı

Tuz

Siyah veya beyaz biber

yöntem

Biraz taze ıspanak ve marul alın. Gerekirse tereyağında kızartın. Sadece 7-8 dakika sürecektir. Bu arada mantarları doğrayın ve bir kaseye koyun. Daha sonra domatesleri mantarlara ekleyin. Bunu yaklaşık 2 ila 3 dakika boyunca mikrodalgaya koyun. Şimdi bunları sotelenmiş ıspanak ve marulla karıştırın. Bunları iyice karıştırın ve üzerine tuz ve karabiber veya beyaz biber serpin.

Eğlence!

Tavuklu Waldorf salatası

İçindekiler

½ su bardağı kıyılmış ceviz

½ bardak ballı hardal

3 su bardağı pişmiş tavuk, doğranmış

½ bardak mayonez

1 su bardağı siyah üzüm, ikiye bölünmüş

1 bardak kereviz, doğranmış

1 gala elması, doğranmış

Tuz

Biber

yöntem

Sığ bir tava alıp kıyılmış cevizleri 350 derecelik fırında 7-8 dakika kavurun.

Şimdi tüm malzemeleri karıştırın ve baharatlarla baharatlayın.

Eğlence!

Baharatlı patates ve roka salatası

İçindekiler

2 kilo patatesi küp küp doğrayıp pişirin

2 bardak roka

6 yemek kaşığı sızma zeytinyağı

¼ çay kaşığı karabiber

3 arpacık soğan, doğranmış

3/8 çay kaşığı tuz

½ çay kaşığı şeri sirkesi

1 çay kaşığı limon suyu

2 çay kaşığı hardal bir taş üzerine öğütülmüş

1 çay kaşığı rendelenmiş limon kabuğu

yöntem

1 çay kaşığı ısıtın. Bir tavaya zeytinyağını alıp arpacık soğanı altın rengi oluncaya kadar kızartın. Arpacık soğanlarını bir karıştırma kabına koyun ve patates hariç kalan tüm malzemeleri karıştırın. İyice karıştırın. Şimdi sosu patateslerin üzerine dökün ve iyice karıştırın.

Eğlence!

Avokadolu tavuk salsa

İçindekiler

2 çay kaşığı zeytinyağı

4 ons tortilla cipsi

2 çay kaşığı limon suyu

1 avokado, doğranmış

3/8 çay kaşığı Koşer tuzu

¾ bardak salsa, soğutulmuş

1/8 çay kaşığı karabiber

2 su bardağı tavuk göğsü, pişmiş ve doğranmış

¼ bardak kıyılmış kişniş

yöntem

Bir kapta zeytinyağı, limon suyu, karabiber ve tuzu karıştırın. Şimdi

doğranmış kişnişi ve tavuğu ekleyin ve iyice karıştırın. Üzerine doğranmış avokado ve salsayı koyun. En iyi sonucu elde etmek için salatayı tortilla cipsi üzerinde servis edin.

Eğlence!

Kremalı patates ve dereotu salatası

İçindekiler

Yarım kilo patatesi küp küp doğrayıp pişirin.

¼ çay kaşığı karabiber

½ İngiliz salatalık, küp şeklinde kesilmiş

¼ çay kaşığı koşer tuzu

2 çay kaşığı az yağlı ekşi krema

2 çay kaşığı kıyılmış dereotu

2 çay kaşığı yağsız yoğurt

yöntem

Patatesler yumuşayana kadar pişirilmelidir. Bir kapta dereotu, yoğurt, ekşi

krema, doğranmış salatalık ve karabiberi karıştırın. Malzemeleri iyice

karıştırın. Şimdi pişmiş patates küplerini ekleyin ve iyice karıştırın.

Eğlence!

Tavuk, peynir ve roka yapraklı salata

İçindekiler

3 dilim ekmek, küp şeklinde kesilmiş

½ su bardağı rendelenmiş parmesan peyniri

3 çay kaşığı tereyağı, tuzsuz ve eritilmiş

2 çay kaşığı kıyılmış maydanoz

Şeritler halinde kesilmiş 5 fesleğen yaprağı

¼ bardak zeytinyağı

2 su bardağı tavuk, kavrulmuş ve doğranmış

5 ons roka yaprağı

3 çay kaşığı kırmızı şarap sirkesi

zevkinize biber

yöntem

Tereyağını ve 2 yemek kaşığı ısıtın. zeytinyağını ekleyin ve içine ekmek küplerini koyun. Ekmek küplerini 400 derecelik fırında altın rengi kahverengi olana kadar pişirin. Geri kalan malzemeleri ekmek küpleriyle birlikte ekleyin ve iyice karıştırın.

Eğlence!

Acı biberli patates salatası

İçindekiler

2 pound Sarı Fin patatesi, doğranmış

¼ çay kaşığı beyaz biber

2 çay kaşığı tuz

¼ bardak krema

4 çay kaşığı limon suyu

2 dal dereotu

2 demet frenk soğanı

yöntem

Patates küplerini yumuşayana kadar haşlayın ve süzün. 3 çay kaşığı karıştırın.

patateslerin içine limon suyu dökün ve 30 dakika bekletin. Kremayı pürüzsüz

hale gelinceye kadar çırpın ve kalan malzemelerle karıştırın. Karışımı

patateslerin üzerine dökün ve iyice karıştırın.

Eğlenin

Kuskus ve tavuklu salata

İçindekiler

1 bardak kuskus

7 ons pişmiş tavuk göğsü

¼ bardak doğranmış Kalamata zeytini

1 diş sarımsak, doğranmış

2 çay kaşığı kıyılmış maydanoz

¼ çay kaşığı karabiber

1 çay kaşığı doğranmış kapari

1 çay kaşığı limon suyu

2 çay kaşığı zeytinyağı

Tat için tuz

yöntem

Kuskusu paketin üzerindeki talimatlara göre tuzsuz ve yağsız pişirin. Pişmiş kuskusu soğuk suyla durulayın. Bir kase alın ve tavuk ve kuskus dışındaki malzemeleri birleştirin. Pişmiş kuskus ekleyin ve iyice karıştırın. Tavukları ekleyip hemen servis yapın.

Eğlence!

Ayranlı kırmızı patates salatası

İçindekiler

3 pound kırmızı patates, dörde bölünmüş

1 diş sarımsak, doğranmış

½ bardak ekşi krema

½ çay kaşığı karabiber

1 çay kaşığı koşer tuzu

1/3 su bardağı ayran

1 çay kaşığı dereotu, doğranmış

¼ bardak kıyılmış maydanoz

2 çay kaşığı kıyılmış frenk soğanı

yöntem

Patates dilimlerini Hollanda fırınında yumuşayana kadar pişirin. Pişen patatesleri 30-40 dakika soğutun. Kremayı kalan malzemelerle karıştırın. Sosu patateslerin üzerine dökün ve malzemeleri birleştirmek için karıştırın.

Eğlence!

Tavuk ve kavun salatası

İçindekiler

¼ bardak pirinç sirkesi

2 çay kaşığı kıyılmış ve kavrulmuş ceviz

2 çay kaşığı soya sosu

¼ bardak kıyılmış kişniş

2 çay kaşığı fıstık ezmesi

2 su bardağı pişmiş ve doğranmış tavuk göğsü

1 çay kaşığı bal

3 çay kaşığı taze soğan, dilimler halinde kesilmiş

1 su bardağı doğranmış salatalık

¾ çay kaşığı susam yağı

3 bardak kavun, şeritler halinde kesilmiş

3 bardak kavun, şeritler halinde kesilmiş

yöntem

Soya sosu, fıstık ezmesi, sirke, bal ve susam yağını karıştırın. Kavun, soğan, kavun ve salatalık ekleyin ve iyice karıştırın. Servis yaparken tavuk göğsüne karışım ve kişniş serpin.

Eğlence!

Dijon hardallı patates yumurta salatası

İçindekiler

4 kilo patates

¾ çay kaşığı biber

½ bardak kereviz, doğranmış

½ su bardağı kıyılmış maydanoz

1 çay kaşığı Dijon hardalı

1/3 su bardağı doğranmış yeşil soğan

2 diş sarımsak, doğranmış

1 çay kaşığı Dijon hardalı

3 yumurta, haşlanmış ve dövülmüş

½ bardak krema

1 bardak mayonez

yöntem

Patatesleri yumuşayana kadar haşlayın. Patatesleri soyun ve küp şeklinde kesin. Bir karıştırma kabında patates, soğan, kereviz ve maydanozu birleştirin. Mayonez ve kalan malzemeleri bir kapta karıştırın. Bu karışımı patateslerin üzerine dökün ve iyice karıştırın.

Eğlence!

Bal ve cevizli tavuk salatası

İçindekiler

4 su bardağı tavuk, pişmiş ve doğranmış

¼ çay kaşığı biber

3 kaburga kereviz, küp şeklinde kesilmiş

¼ çay kaşığı tuz

1 su bardağı tatlı kurutulmuş kızılcık

1/3 bardak bal

½ bardak ceviz, doğranmış ve kızartılmış

2 su bardağı mayonez

yöntem

Kıyılmış tavuğu kereviz, kurutulmuş kızılcık ve cevizle karıştırın. Başka bir kapta mayonezi pürüzsüz hale gelinceye kadar çırpın. Mayoneze bal, karabiber ve tuzu ekleyip iyice karıştırın. Karışımı tavuk ve mayonez karışımının üzerine dökün ve malzemelerin iyice karışması için iyice karıştırın.

Eğlence!

Tavuk ve üzüm mayonezli salata

İçindekiler

6 su bardağı tavuk, doğranmış ve pişmiş

½ bardak ceviz

2 çay kaşığı Dijon hardalı

2 su bardağı dilimlenmiş siyah üzüm

½ bardak ekşi krema

2 çay kaşığı haşhaş tohumu

½ bardak mayonez

2 su bardağı doğranmış kereviz

1 çay kaşığı limon suyu

yöntem

Bir kapta tavuğu mayonez, limon suyu, krema, üzüm, haşhaş tohumu, Dijon

hardalı ve kerevizle karıştırın. Tuz ve karabiber ekleyin. Karıştırma kabının kapağını kapatın ve karışım soğuyana kadar buzdolabında bekletin. Cevizleri

ekleyin ve hemen servis yapın.

Eğlence!

Patates ve baharatlı kremalı salata

İçindekiler

¾ bardak ekşi krema

1 su bardağı yeşil bezelye

¼ bardak yoğurt

6 su bardağı kırmızı patates, dörde bölünmüş

1 çay kaşığı kıyılmış kekik

½ çay kaşığı tuz

1 çay kaşığı dereotu otu, doğranmış

yöntem

Krema, yoğurt, dereotu, kekik ve tuzu bir kapta karıştırıp bir kenara koyun.

Patates dilimlerini ve yeşil bezelyeyi yeterli suda yumuşayana kadar

haşlayın. Fazla suyu boşaltın. Hazırlanan karışıma patatesleri ve bezelyeleri

karıştırın. Malzemeleri iyice karıştırmak için iyice karıştırın.

Eğlence!

Tavuk ve kuru üzüm salatası

İçindekiler

¼ bardak mayonez

3 çay kaşığı kuru üzüm

1 çay kaşığı köri tozu

1/3 bardak kereviz, doğranmış

1 su bardağı ızgara limonlu tavuk

1 elma, doğranmış

1/8 çay kaşığı tuz

2 çay kaşığı su

yöntem

Köri, mayonez ve suyu bir kapta karıştırın. Limonlu tavuk, dilimlenmiş elma, kuru üzüm, kereviz ve tuzu ekleyin. Malzemeleri bir spatula yardımıyla iyice karıştırın. Salatanın üzerini kapatıp soğuyana kadar buzdolabında bekletin.

Eğlence!

Patates ve nane salatası

İçindekiler

7 kırmızı patates

1 su bardağı yeşil bezelye, dondurulmuş ve çözülmüş

2 çay kaşığı beyaz şarap sirkesi

½ çay kaşığı karabiber

2 çay kaşığı zeytinyağı

¾ çay kaşığı tuz

2 çay kaşığı arpacık soğanı, ince doğranmış

¼ bardak kıyılmış nane yaprağı

yöntem

Patatesleri derin bir tencerede suyla yumuşayıncaya kadar haşlayın.

Patatesleri soğutup küp şeklinde doğrayın. Sirke, arpacık soğanı, nane, zeytinyağı, tuz ve karabiberi karıştırın. Patates küplerini, bezelyeyi ve hazırlanan karışımı ekleyin. İyice karıştırıp servis yapın.

Eğlence!

Tavuk ve karışık sebzeli köri salatası

İçindekiler

Tavuk köri, dondurulmuş ve çözülmüş

10 ons ıspanak yaprağı

1 ½ su bardağı doğranmış kereviz

¾ bardak mayonez

1 ½ bardak yeşil üzüm, ikiye bölünmüş

½ su bardağı doğranmış kırmızı soğan

yöntem

Dondurulmuş tavuk körisini bir karıştırma kabına yerleştirin. Tavuk körisine kırmızı soğan, yeşil üzüm, körpe ıspanak yaprakları ve kereviz ekleyin. İyice karıştırın. Şimdi mayonez ekleyin ve tekrar iyice karıştırın. Tuzunu ve biberini damak tadınıza göre ayarlayın.

Eğlence!

Tavuklu fıstık salatası

İçindekiler

1 su bardağı bulgur

2 taze soğan, dilimlenmiş

2 su bardağı tavuk suyu

3 su bardağı tavuk, pişmiş ve doğranmış

1 elma, küp şeklinde kesilmiş

3 çay kaşığı kıyılmış ceviz

¼ bardak zeytinyağı

2 çay kaşığı elma sirkesi

1 çay kaşığı Dijon hardalı

1 çay kaşığı esmer şeker

Tuz

yöntem

Bulguru çorba ve güveçle pişirin. 15 dakika soğutun. Cevizleri tavada

kavurun ve soğuması için bir kaseye koyun. Tüm malzemeleri bir kapta iyice

karıştırın. Tuzla tatlandırıp servis yapın.

Eğlence!

Tavuk ve hardallı salata

İçindekiler

1 yumurta, pişmiş

¼ çay kaşığı karabiber

¾ pound parmak

¼ çay kaşığı koşer tuzu

2 çay kaşığı az yağlı mayonez

3 çay kaşığı doğranmış kırmızı soğan

1 çay kaşığı yoğurt

1/3 bardak doğranmış kereviz

1 çay kaşığı hardal

yöntem

Patatesleri küp şeklinde doğrayın ve yumuşayıncaya kadar pişirin. Haşlanmış yumurtayı doğrayın. Yumurta ve patates dışındaki tüm malzemeleri karıştırın. Karışımı doğranmış yumurtalara ve küp patateslere ekleyin. Malzemelerin iyice birleşmesi için iyice karıştırın. Tuzunu ve biberini damak tadınıza göre ayarlayın.

Eğlence!

Zencefil ile baharatlı patates salatası

İçindekiler

2 kilogram kırmızı patates, küp şeklinde doğranmış

2 çay kaşığı kişniş, doğranmış

2 çay kaşığı pirinç sirkesi

1/3 bardak arpacık soğanı, dilimlenmiş

1 çay kaşığı susam yağı

1 jalapeno biber, ince doğranmış

4 çay kaşığı öğütülmüş limon otu

¾ çay kaşığı tuz

2 çay kaşığı rendelenmiş zencefil

yöntem

Patatesleri yumuşayana kadar haşlayın. Fazla suyu boşaltın. Geri kalan malzemeleri iyice karıştırın. Elde edilen karışımı pişmiş patateslerin üzerine dökün. Malzemeleri bir spatula ile karıştırın.

Eğlence!

Kereviz ve patates salatası

İçindekiler

2 kilogram kırmızı patates, küp şeklinde doğranmış

2 ons biberiye, doğranmış

½ bardak kolza tohumlu mayonez

1/8 çay kaşığı sarımsak tozu

¼ bardak frenk soğanı, doğranmış

¼ çay kaşığı karabiber

¼ bardak yoğurt

½ çay kaşığı kereviz tohumu

¼ fincan ekşi krema

½ çay kaşığı tuz

1 çay kaşığı şeker

1 çay kaşığı beyaz şarap sirkesi

2 çay kaşığı hazırlanmış hardal

yöntem   56

Patates küplerini yumuşayana kadar haşlayın ve fazla suyunu süzün. Pişmiş

patatesleri yaklaşık 30 dakika soğutun. Geriye kalan malzemeleri bir

karıştırma kabında karıştırın. Patates küplerini ekleyin ve iyice karıştırın.

Eğlence!

Patates salatası ile limonlu tavuk

İçindekiler

1 kilo patates

1 diş sarımsak, doğranmış

2 bardak bezelye

½ çay kaşığı karabiber

2 su bardağı kıyılmış tavuk göğsü

1 çay kaşığı tuz

½ su bardağı doğranmış kırmızı biber

1 çay kaşığı tuz

½ bardak soğan, doğranmış

1 çay kaşığı tarhun, doğranmış

1 çay kaşığı limon suyu

2 çay kaşığı zeytinyağı

1 çay kaşığı Dijon hardalı

yöntem

Patatesleri, bezelyeleri ve tavuk göğsünü ayrı ayrı yumuşayana kadar haşlayın. Geri kalan malzemeleri bir kapta karıştırın. Şimdi karıştırma kabına patates küplerini, bezelyeyi ve tavuk göğsünü ekleyin. Bir spatula kullanın ve malzemeleri iyice karıştırın. Derhal servis yapın.

Eğlence!

Keçi peynirli patates salatası

İçindekiler

2,5 kilo patates

1 diş sarımsak, doğranmış

¼ bardak beyaz şarap, kuru

1 çay kaşığı Dijon hardalı

½ çay kaşığı tuz

2 çay kaşığı zeytinyağı

½ çay kaşığı karabiber

2 çay kaşığı kıyılmış tarhun

1/3 su bardağı soğan, doğranmış

¼ bardak kırmızı şarap sirkesi

½ su bardağı kıyılmış maydanoz

3 ons keçi peyniri

¼ fincan ekşi krema

yöntem

Patatesleri suda yumuşayıncaya kadar haşlayın. Patatesleri, şarap sirkesini, biberi ve tuzu bir kapta karıştırın. 15 dakika bekletin. Şimdi malzemelerin geri kalanını patates kütlesine ekleyin ve iyice karıştırın. Derhal servis yapın.

Eğlence!

Pico de Gallo – otantik Meksika salsası

İçindekiler:

3 büyük domates, doğranmış, haşlanmış

1 orta boy soğan

¼ demet kişniş damak zevkinize göre az ya da çok kullanabilirsiniz

İsteğe bağlı malzemeler

½ soyulmuş ve doğranmış salatalık

½ limondan limon suyu

½ çay kaşığı kıyılmış sarımsak

Tadına göre tuz ekleyin

Daha baharatlı tercih ederseniz 2 jalapeno biber veya daha fazlası

1 küp soyulmuş avokado

yöntem

Tüm malzemeleri geniş bir kapta birleştirin ve iyice karıştırın. Derhal servis

yapın.

Eğlence!

Zeytinyağı ve limonlu salata sosu

İçindekiler:

8 diş sarımsağı ezin

½ çay kaşığı karabiber

1 su bardağı taze sıkılmış limon suyu

2 çay kaşığı tuz

½ su bardağı sızma zeytinyağı

yöntem

Tüm malzemeleri blendera koyun ve tüm malzemeler birleşene kadar karıştırın. Bu pansuman hava geçirmez bir kapta saklanmalı ve en kısa sürede kullanılmalıdır, aksi takdirde pansuman, içindeki limon suyu nedeniyle acılaşacaktır.

Eğlence!

Fasulye, mısır ve avokado salatası

İçindekiler:

1 kutu siyah fasulye, süzülmüş

1 kutu konserve sarı tatlı mısır, süzülmüş

2 yemek kaşığı. Misket limonu suyu

1 çay kaşığı zeytinyağı

4 yemek kaşığı. Kişniş

5 su bardağı doğranmış çiğ soğan

1 avokado

1 kırmızı olgun domates

yöntem

Tüm malzemeleri geniş bir kaseye koyun ve yavaşça karıştırın. Hemen servis yapın veya soğuk servis yapın.

Eğlence!

Güneybatı makarna salatası

İçindekiler:

1-8 oz. Küçük tam buğdaylı makarna

15 ons mısır

15 ons siyah fasulye

1 bardak herhangi bir salsa çeşidi

1 su bardağı kaşar peyniri, rendelenmiş

1 su bardağı doğranmış yeşil biber, kırmızı biber

yöntem

Makarnayı paketin üzerindeki talimatlara göre hazırlayın. Süzün, durulayın

ve geniş bir kaseye koyun. Konserve mısır ve siyah fasulyenin suyunu ayırıp

süzün. Tüm malzemeleri geniş bir kapta pişmiş makarnayla karıştırın.

Kutudan az miktarda ayrılmış sıvı ekleyin, gerekirse daha fazlasını ekleyin.

Derhal servis yapın.

Eğlence!

Kavrulmuş pancar salatası

İçindekiler:

6 sarı kuyruklu, 1/2 lb

3 yemek kaşığı. zeytin yağı

Taze çekilmiş karabiber

1 ½ yemek kaşığı tarhun veya şeri sirkesi

1 çorba kaşığı. kekik yaprakları

4 su bardağı karışık yeşil salata

½ su bardağı ufalanmış beyaz peynir

1 çorba kaşığı. nane

yöntem

İlk olarak fırın 375 dereceye kadar ısıtılır. Pancarları sığ, kapalı bir pişirme kabına yerleştirin. Tavaya 1/2 inç kadar gelecek kadar su ekleyin. Pancarların üzerini örtün ve bir saat veya pancarlar bıçakla kolayca delininceye kadar pişirin. Pancarları fırından çıkarın. Orta boy bir kapta sirkeyi ve doğranmış otları birleştirin. Pişmiş pancarları 1/2 inçlik küpler halinde kesin ve üzerine sosu dökün. Beyaz peynir serpip hemen servis yapın.

Eğlence!

Aman Tanrım, salata!

İçindekiler:

1 su bardağı domates, doğranmış veya dilimlenmiş

1 su bardağı soyulmuş salatalık, doğranmış

1 çay kaşığı kurutulmuş dereotu

1 çorba kaşığı. Hafif mayonez

yöntem

Tüm malzemeleri geniş bir kaseye ekleyin ve tüm malzemeler birleşene kadar iyice karıştırın. Bir gece buzdolabında bekletip soğuk olarak servis yapın.

Eğlence!!

Lahana ile çıtır ramen şehriye salatası

İçindekiler:

3 yemek kaşığı. zeytin yağı

3 yemek kaşığı. Sirke

2 yemek kaşığı. Şeker veya şeker yerine

½ paket ramen baharatı

¼ çay kaşığı biber

1 çorba kaşığı. Düşük sodyum soya sosu

Salata malzemeleri:

1 küçük baş kırmızı veya yeşil lahana

2 doğranmış yeşil soğan, doğranmış

1 soyulmuş ve rendelenmiş havuç

1 paket ezilmiş ramen noodle

yöntem

Malzemeleri geniş bir salata karıştırma kabında birleştirerek sosu hazırlayın.

Şekeri çözmek için karıştırın. İlk üç salata malzemesini kaseye ekleyin ve iyice

karıştırın. Ezilmiş ramen ekleyin ve iyice karıştırın. Üzerine sosu dökün ve

hemen servis yapın.

Eğlence!

Ispanaklı ve domatesli makarna salatası

İçindekiler:

8 oz Küçük makarna veya orzo

8 oz Rendelenmiş beyaz peynir

16 oz. Üzüm domates

4 su bardağı bebek ıspanak

2 yemek kaşığı. Drenajlı kapari

¼ çay kaşığı karabiber

2 yemek kaşığı. Rendelenmiş parmesan peyniri

yöntem

Makarnayı paketin üzerindeki talimatlara göre al dente ve sertleşinceye

kadar pişirin. Makarna piştikten sonra; Hızlı beyazlatmak için domateslerin

üzerine süzün. Makarna pişerken ıspanak, beyaz peynir ve kaparileri geniş

bir kaseye koyun. Domatesleri ve makarnayı ıspanaklı karışımla karıştırın.

Makarnayı süzmeden önce, orantılı olarak pişmiş makarnayı ekleyerek

birleştirin. Son olarak karabiber serpin ve rendelenmiş peynirle süsleyin.

Derhal servis yapın.

Eğlence!

Waldorf Salatası

İçindekiler:

4 orta boy elma, doğranmış

1/3 su bardağı kıyılmış ceviz

1/3 su bardağı kuru üzüm

½ bardak yağsız doğal, Yunan veya sade yoğurt

3 sap kıyılmış kereviz

yöntem

Tüm malzemeleri geniş bir kaseye ekleyin ve tüm malzemeler birleşene kadar iyice karıştırın. Bir gece buzdolabında bekletip soğuk olarak servis yapın.

Eğlence!

İstuaeli salatası

İçindekiler:

1 adet doğranmış yeşil veya sarı biber

1 soyulmuş salatalık, doğranmış

2 yemek kaşığı. Limon suyu

1 çay kaşığı tuz

1 çay kaşığı taze çekilmiş biber

3 domates, doğranmış

3 yemek kaşığı. Sızma zeytinyağı

yöntem

Tüm malzemeleri geniş bir kaseye ekleyin ve tüm malzemeler birleşene kadar iyice karıştırın. Hemen servis yapın çünkü salata ne kadar uzun süre beklerse o kadar sulu olur.

Eğlence!

Lahana şehriye salatası

İçindekiler:

3 yemek kaşığı. Zeytinyağı 3 yemek kaşığı. Sirke 2 yemek kaşığı. Şeker ½

paket Ramen eriştesi

¼ çay kaşığı biber

1 çorba kaşığı. Düşük sodyum soya sosu

1 baş kırmızı veya yeşil lahana

2 yeşil soğan, doğranmış

1 soyulmuş havuç, rendelenmiş

1 paket ezilmiş ramen noodle

yöntem

Tüm malzemeleri, geniş bir kasede birleştirin. Şekerin erimesi için iyice karıştırmaya devam edin. Daha sonra bu salatanın ilk üç ana malzemesi iyice karıştırılıp karıştırılır. Üzerine ezilmiş ramen eriştesi eklenir. Daha sonra geri kalan malzemeler eklenip birkaç kez karıştırılır. Hemen servis yapın veya tatların demlenmesine izin vermek için üzerini örtün ve soğutun.

Eğlence!

Meksika siyah fasulye salatası

İçindekiler

1 ½ kutu pişmiş siyah fasulye

2 adet olgun domates doğranmış

3 taze soğan, dilimlenmiş

1 çorba kaşığı. Taze limon suyu

2 yemek kaşığı. taze doğranmış kişniş

Tatmak için tuz ve taze çekilmiş karabiber

1/3 su bardağı mısır

2 yemek kaşığı. zeytin yağı

yöntem

Tüm malzemeleri orta boy bir kapta birleştirin ve yavaşça karıştırın. Salatayı servise hazır olana kadar buzdolabında bırakın. Soğutulmuş hizmet.

Eğlence!

Siyah fasulye ve soslu mısır

İçindekiler:

1 kutu siyah fasulye

3 yemek kaşığı. taze doğranmış kişniş

1 kutu sarı ve beyaz mısır

¼ bardak doğranmış soğan

1 rootlanabilir

Limon suyu veya bir limonu sıkın

yöntem

Siyah fasulye, kök ve mısır kutularındaki sıvıyı boşaltın ve bunları geniş bir kapta karıştırın. Kişniş ve soğanı ekleyip iyice karıştırın. Servis yapmadan hemen önce biraz limon suyu sıkın.

Eğlence!

Türkiye taco salatası

İçindekiler:

2 oz. Zemin türkiye

2/4 su bardağı kaşar peyniri

1 ½ su bardağı kıyılmış marul

1/8 bardak soğan, doğranmış

½ oz tortilla cipsi

2 yemek kaşığı. Salsa

¼ bardak kırmızı fasulye

yöntem

Tortilla cipsleri hariç tüm malzemeleri geniş bir kaseye koyun ve iyice

karıştırın. Servis yapmadan hemen önce salataya ezilmiş tortilla serpin ve

hemen servis yapın.

Eğlence!

Duga meyve salatası

İçindekiler

Meyve salatası:

1 büyük soyulmuş mango, doğranmış

2 bardak yaban mersini

2 dilimlenmiş muz

2 bardak çilek

2 su bardağı çekirdeksiz üzüm

2 yemek kaşığı. Limon suyu

1 ½ yemek kaşığı bal

2 su bardağı çekirdeksiz üzüm

2 soyulmamış nektarin, dilimler halinde kesilmiş

1 soyulmuş kivi, dilimler halinde kesilmiş

Ballı portakal sosu:

1/3 su bardağı şekersiz portakal suyu

¼ çay kaşığı öğütülmüş zencefil

Hindistan cevizini doğrayın

yöntem

Tüm malzemeleri geniş bir kaseye ekleyin ve tüm malzemeler birleşene kadar iyice karıştırın. Bir gece buzdolabında bekletip soğuk olarak servis yapın.

Eğlence!

Güneşli meyve salatası

İçindekiler:

3 kivi, ısırık büyüklüğünde parçalar halinde kesilmiş

320 oz. Meyve Suyunda Ananas Küpleri

215 oz Süzülmüş mandalina, hafif şurupta korunmuş

2 muz

yöntem

Tüm malzemeleri geniş bir kapta karıştırın ve en az 2 saat buzdolabında bekletin. Bu salatayı soğuk olarak servis edin.

Eğlence!

Narenciye ve siyah fasulye salatası

İçindekiler:

1 soyulmuş greyfurt, dilimler halinde kesilmiş

2 soyulmuş portakal, dilimler halinde kesilmiş

116 oz Süzülmüş siyah fasulye konservesi

½ su bardağı doğranmış kırmızı soğan

½ dilimlenmiş avokado

2 yemek kaşığı. Limon suyu

Tatmak için karabiber

yöntem

Tüm malzemeleri geniş bir kapta birleştirin ve oda sıcaklığında servis yapın.

Eğlence!

Salatalık ve soğanlı salata içmek

İçindekiler

2 salatalık, ince dilimler halinde kesilmiş

½ çay kaşığı tuz

¼ çay kaşığı karabiber

2 yemek kaşığı. Toz şeker

1/3 su bardağı elma sirkesi

1 soğan ince dilimler halinde kesilmiş

1/3 bardak su

yöntem

Salatalıkları ve soğanları dönüşümlü olarak kaseye yerleştirin. Kalan

malzemeleri bir karıştırıcıda karıştırın ve pürüzsüz bir kütle elde edene kadar

karıştırın. Kompresörü birkaç saat soğutun. Servis yapmadan hemen önce

sosu salatalık ve soğanların üzerine dökün ve hemen servis yapın.

Eğlence!

Yaban mersini ve pancar ile bahçe salatası

İçindekiler:

1 baş marul

1 avuç yaban mersini

1 oz. ufalanmış keçi peyniri

2 adet pişmiş pancar

5-6 adet kiraz domates

¼ bardak konserve ton balığı

Tat için tuz

zevkinize biber

yöntem

Tüm malzemeleri yağlanmış bir fırın kabına koyun ve üzerini folyo ile örtün.

250 derecelik fırında yaklaşık bir saat kadar pişirin. Hafifçe soğutun ve

damak tadınıza göre baharatlayın. Sıcak servis yapın.

Eğlence!

Karnabahar salatası veya örnek patates salatası

İçindekiler

1 baş karnabahar, pişmiş ve çiçek salkımlarına bölünmüş

¼ bardak yağsız süt

6 yemek kaşığı Splenda

¾ çay kaşığı elma sirkesi

5 yemek kaşığı. Hafif mayonez

2 çay kaşığı sarı hardal

yöntem

Karnabahar hariç tüm malzemeleri karıştırın ve pürüzsüz hale gelinceye

kadar çırpın. Servis yapmadan hemen önce hazırladığınız sosu, pişmiş

karnabaharın üzerine döküp, sıcak olarak servis yapın.

Eğlence!

Salatalık ve dereotu salatası

İçindekiler:

1 bardak yağsız Yunan yoğurdu veya normal yağsız yoğurt

Tatmak için biber ve tuz

6 bardak salatalık, ince dilimlenmiş

½ bardak soğan, ince dilimlenmiş

¼ bardak limon suyu

2 diş kıyılmış sarımsak

1/8 bardak dereotu

yöntem

Yoğurttaki fazla suyu boşaltın ve yaklaşık 30 dakika soğutun. Yoğurdu kalan

malzemelerle karıştırın ve iyice karıştırın. Bir saat daha soğutup soğuk olarak

servis yapın.

Eğlence!

Sahte patates salatası

İçindekiler

16 yemek kaşığı. Yağsız mayonez

5 su bardağı pişmiş karnabahar, çiçek salkımlarına bölünmüş

¼ bardak sarı hardal

¼ bardak doğranmış kereviz

½ bardak dilimlenmiş salatalık

1 çorba kaşığı. Sarı hardal tohumu

¼ bardak doğranmış salatalık turşusu

½ çay kaşığı sarımsak tozu

yöntem

Tüm malzemeleri geniş bir kaseye ekleyin ve tüm malzemeler birleşene kadar iyice karıştırın. Bir gece buzdolabında bekletip soğuk olarak servis yapın. Karnabahar patatesle de değiştirilebilir, yemek de aynı derecede lezzetlidir.

Eğlence!

Bonnie Teyzenin Patates ve Salatalık Salatası

İçindekiler

2-3 bardak yeni patates

1 çorba kaşığı. dereotu küpü

1 çorba kaşığı. Dijon hardalı

¼ bardak keten tohumu yağı

4 doğranmış frenk soğanı

2 çay kaşığı dereotu, doğranmış

¼ çay kaşığı biber

3-4 bardak salatalık

¼ çay kaşığı tuz

yöntem

Tüm malzemeleri geniş bir kapta birleştirin ve servis etmeden hemen önce tüm malzemeler birleşene kadar iyice karıştırın. Derhal servis yapın.

Eğlence!

Yaban mersinli ıspanak salatası

İçindekiler

½ su bardağı doğranmış çilek

¼ bardak ahududu

¼ fincan Newman'ın Hafif Ahududu Ceviz Sosu

¼ fincan yaban mersini

¼ bardak kıyılmış badem

4 bardak ıspanak

¼ bardak doğranmış kırmızı soğan

yöntem

Tüm malzemeleri geniş bir kaseye ekleyin ve tüm malzemeler birleşene kadar iyice karıştırın. Bir gece buzdolabında bekletip soğuk olarak servis yapın.

Eğlence!

Tüp salatası

İçindekiler

1 su bardağı bulgur

1 doğranmış soğan

4 taze soğan, doğranmış

Tadına göre tuz ve karabiber ekleyin

2 su bardağı kıyılmış maydanoz

¼ bardak limon suyu

2 bardak kaynar su

2 orta boy domates, doğranmış

¼ bardak zeytinyağı

1 bardak öğütülmüş nane

yöntem

Orta boy bir tencerede suyu kaynatın. Ateşten aldıktan sonra trompetçiyi dökün, sıkı bir kapakla örtün ve 30 dakika bekletin. Fazla suyu boşaltın. Kalan malzemeleri ekleyin ve iyice karıştırın. Derhal servis yapın.

Eğlence!

Mayonez ve fesleğen soslu BLT salatası

İçindekiler

½ pound pastırma

½ bardak mayonez

2 yemek kaşığı. Siyah şarap sirkesi

¼ bardak ince kıyılmış fesleğen

1 çay kaşığı öğütülmüş karabiber

1 çorba kaşığı. Kanola yağı

1 kiloluk marul – yıkanmış, kurutulmuş ve ısırık büyüklüğünde parçalara bölünmüş

¼ litre kiraz domates

yöntem

Pastırmayı büyük ve derin bir tencereye koyun. Eşit şekilde kızarana kadar orta ateşte kızartın. Ayrılmış pastırma, mayonez, fesleğen ve sirkeyi küçük bir kaseye ekleyin ve karıştırın. Örtün ve oda sıcaklığında bir kenara koyun. Büyük bir kapta marul, domuz pastırması, kruton ve domatesleri karıştırın. Sosu salatanın üzerine dökün. Sert.

Eğlence!

Bıçak ve çatalla pişirilmiş Sezar salatası

İçindekiler

1 uzun ince baget

¼ fincan zeytinyağı, bölünmüş

2 diş sarımsak, ikiye bölünmüş

1 küçük domates

1 adet marul, dış yaprakları atılmış

Tatmak için tuz ve iri öğütülmüş karabiber

1 bardak Sezar salatası sosu veya tadı

½ bardak parmesan talaşı

yöntem

Izgarayı düşük ateşte önceden ısıtın ve ızgarayı hafifçe yağlayın. Bageti yaklaşık 1/2 inç kalınlığında 4 uzun dilime kesin. Kesilen her tarafı zeytinyağının yaklaşık yarısıyla hafifçe fırçalayın. Baget dilimlerini önceden ısıtılmış ızgarada, her tarafı 2 ila 3 dakika olmak üzere, hafif çıtır olana kadar ızgara yapın. Baget dilimlerinin her iki tarafını sarımsağın kesilmiş tarafıyla ve domatesin kesilmiş tarafıyla ovalayın. Kalan zeytinyağıyla dörde bölünmüş 2 tarafı fırçalayın. Her porsiyonu Sezar sosuyla yayın.

Eğlence!

Çilekli marul salatası I

İçindekiler:

1 baş marul, yıkanmış, kurutulmuş ve doğranmış

2 demet yıkanmış ıspanak, kurulayın ve doğrayın

2 yarım litre çilek, dilimler halinde kesilmiş

1 Bermuda soğanı

½ bardak mayonez

2 yemek kaşığı. Beyaz şarap sirkesi

1/3 su bardağı beyaz şeker

¼ bardak süt

2 yemek kaşığı. Mawseed

yöntem

Büyük bir salata kasesinde marul, ıspanak, çilek ve dilimlenmiş soğanı birleştirin. Sıkı kapaklı bir kavanozda mayonez, sirke, şeker, süt ve haşhaş tohumlarını karıştırın. İyice çalkalayın ve sosu salatanın üzerine dökün. Pürüzsüz olana kadar karıştırın. Derhal servis yapın.

Eğlence!

Yunan salatası

İçindekiler:

1 adet kurutulmuş marul

6 ons çekirdeksiz siyah zeytin

1 yeşil biber, doğranmış

1 ince dilimlenmiş kırmızı soğan

6 yemek kaşığı zeytinyağı

1 kırmızı biber, doğranmış

2 büyük domates, doğranmış

1 salatalık, dilimlenmiş

1 su bardağı ufalanmış beyaz peynir

1 çay kaşığı kurutulmuş kekik

1 limon

yöntem

Büyük bir salata karıştırma kabında marul, soğan, zeytin, biber, salatalık,

domates ve peyniri iyice karıştırın. Zeytinyağı, limon suyu, kekik ve

karabiberi karıştırın. Sosu salatanın üzerine dökün, karıştırın ve servis yapın.

Eğlence!

Çilek ve beyaz peynir salatası

İçindekiler

1 su bardağı kıyılmış badem

2 diş kıyılmış sarımsak

1 çay kaşığı bal 1 su bardağı bitkisel yağ

1 baş marul,

1 çay kaşığı Dijon hardalı

¼ bardak ahududu sirkesi

2 yemek kaşığı. Balzamik sirke

2 yemek kaşığı. esmer şeker

1 litre çilek dilimler halinde kesilmiş

1 su bardağı ufalanmış beyaz peynir

yöntem

Yağı bir tavada orta-yüksek sıcaklığa ısıtın, bademleri sık sık karıştırarak hafifçe kızarana kadar kızartın. Ateşten alın. Bir kapta balzamik sirke, esmer şeker ve bitkisel yağı karıştırarak sosu hazırlayın. Büyük bir kapta badem, beyaz peynir ve marulu karıştırın. Servis yapmadan hemen önce sosu salatanın üzerine dökün.

Eğlence!

Biftek salata

İçindekiler

1 ¾ kiloluk biftek

1/3 su bardağı zeytinyağı

3 yemek kaşığı. Siyah şarap sirkesi

2 yemek kaşığı. Limon suyu

1 diş sarımsak, doğranmış

½ çay kaşığı tuz

1/8 çay kaşığı öğütülmüş karabiber

1 çay kaşığı Worcestershire sosu

1 havuç, dilimler halinde kesilmiş

½ bardak dilimlenmiş kırmızı soğan

¼ bardak doldurulmuş yeşil zeytin, dilimlenmiş

yöntem

Izgarayı yüksek ateşte önceden ısıtın. Biftekleri ızgaraya yerleştirin ve her iki tarafını da 5'er dakika kızartın. Ateşten alıp soğumaya bırakın. Küçük bir kapta zeytinyağı, sirke, limon suyu, sarımsak, tuz, karabiber ve Worcestershire sosunu birleştirin. Peyniri karıştırın. Daha sonra üzerini pansumanla kapatıp buzdolabına kaldırın. Servis yapmadan hemen önce sosu bifteğin üzerine dökün. Çıtır çıtır ızgara Fransız ekmeği ile servis yapın.

Eğlence!

Mandalina ve badem salatası

İçindekiler:

1 adet marul

11 ons mandalina, süzülmüş

6 adet ince doğranmış taze soğan

½ su bardağı zeytinyağı 1 yemek kaşığı. Beyaz şeker

1 çay kaşığı toz kırmızı biber gevreği

2 yemek kaşığı. Beyaz şeker

½ su bardağı dilimlenmiş badem

¼ bardak kırmızı şarap sirkesi

Tatmak için öğütülmüş karabiber

yöntem

Büyük bir kapta marul, portakal ve yeşil soğanı birleştirin. Şekeri tencereye dökün ve şeker erimeye başlayıncaya kadar karıştırın. Sürekli karıştırın. Bademleri ekleyin ve kaplanana kadar karıştırın. Bademleri bir tabağa koyun ve soğumaya bırakın. Zeytinyağı, kırmızı şarap sirkesi ve bir çorba kaşığı karıştırın. şekeri, kırmızı biber gevreğini ve karabiberi sıkı kapaklı bir kavanoza koyun. Servis yapmadan önce salata sosunu marulun üzerini kapatacak şekilde dökün. Bir kaseye aktarın ve üzerine badem şekeri serperek servis yapın. Derhal servis yapın.

Eğlence!

Ananas soslu tropikal salata

İçindekiler

6 dilim pastırma

¼ bardak ananas suyu

3 yemek kaşığı. Siyah şarap sirkesi

¼ bardak zeytinyağı

Tatmak için taze çekilmiş karabiber

Tadına göre tuz ekleyin

10 onsluk doğranmış marul paketi

1 su bardağı doğranmış ananas

½ su bardağı kıyılmış ve kavrulmuş macadamia fıstığı

3 doğranmış yeşil soğan

¼ fincan kızarmış hindistan cevizi gevreği

yöntem

Pastırmayı büyük ve derin bir tencereye koyun. Orta ateşte, eşit şekilde kızarana kadar yaklaşık 10 dakika pişirin. Pastırmayı boşaltın ve ufalayın. Ananas suyunu, şarap sirkesini, yağı, biberi ve tuzu kapaklı bir kavanozda birleştirin. İyice çalkalanması için üzerini örtün. Geri kalan malzemeleri karıştırıp sosu ekleyin. Kavrulmuş hindistan ceviziyle süsleyin. Derhal servis yapın.

Eğlence!

Kaliforniya salata kasesi

İçindekiler:

1 avokado, soyulmuş ve çekirdeği çıkarılmış

1 çorba kaşığı. Limon suyu

½ bardak mayonez

¼ çay kaşığı acı biber sosu

¼ bardak zeytinyağı

1 diş sarımsak, doğranmış

½ çay kaşığı tuz

1 baş marul

3 ons Çedar peyniri, rendelenmiş

2 adet doğranmış domates

2 yeşil soğan

¼ kutu çekirdeksiz yeşil zeytin

1 su bardağı iri öğütülmüş mısır cipsi

yöntem

Tüm limon suyunu, avokado malzemelerini, mayonezi, zeytinyağını, acı biber sosunu, sarımsağı ve tuzu bir karıştırıcıda karıştırın. Pürüzsüz olana kadar işleme devam edin. Büyük bir kapta Çedar peyniri, marul, domates ve avokadoyu birleştirin ve servis yapmadan hemen önce sosu üzerine dökün.

Eğlence!

Klasik fırlatılmış salata

İçindekiler:

1 su bardağı beyazlatılmış ve dilimlenmiş badem

2 yemek kaşığı. susam

1 marul, lokma büyüklüğünde parçalar halinde kesilmiş

1 adet kırmızı marul, lokma büyüklüğünde doğranmış

8 oz paket ufalanmış beyaz peynir

4 ons Mogu doğranmış siyah zeytin

1 su bardağı kiraz domates, ikiye bölünmüş

1 kırmızı soğan, ikiye bölünmüş ve ince dilimlenmiş

6 mantar dilimler halinde kesilmiş

¼ bardak rendelenmiş Romano peyniri

8 oz şişede İtalyan salata sosu

yöntem

Büyük bir kızartma tavasını orta ateşte ısıtın. Bademleri tavaya koyup pişirin.

Bademlerin aroması çıkmaya başlayınca susam tohumlarını sık sık

karıştırarak ekleyin. 1 dakika daha veya tohumlar altın kahverengi olana

kadar pişirin. Geniş bir salata kasesinde marulu zeytin, beyaz peynir, mantar,

badem, domates, susam, soğan ve Romano peyniri ile karıştırıp iyice

karıştırın. Her şey hazır olduğunda İtalyan sosunu dökün ve karıştırın.

Eğlence!

Kremalı çıtır salata

İçindekiler

Bir bardak mayonez

2 yemek kaşığı. elma sirkesi

1 çay kaşığı kimyon tohumu

1 baş kıyılmış lahana

2 taze soğan, doğranmış

2 yeşil elma, dilimlenmiş

1 bardak pastırma

Tatmak için biber ve tuz

yöntem

Mayonezi kimyon ve elma sirkesiyle karıştırın. İyice karıştırdıktan sonra karışımı ince kıyılmış lahana, taze soğan, yeşil elma ve pişmiş pastırma ile karıştırın. Şimdi malzemeleri iyice karıştırın, tadına göre baharatlayın, gerekirse tuz ve karabiber ekleyin ve servis yapmadan önce bir süre bekletin.

Eğlence!!

Bistro pastırma salatası

İçindekiler

1 bardak pastırma

2 yemek kaşığı. elma sirkesi

1 çay kaşığı Dijon hardalı

zeytin yağı

1 demet mesclun dilek

Tatmak için biber ve tuz

1 haşlanmış yumurta

yöntem

Önce pastırma kızartılır, ardından kızartılan pastırma doğranır. Şimdi elma şarabı, Dijon hardalı, zeytinyağı, tuz ve karabiberi bir kasede karıştırın. Tüm bu malzemeler uygun şekilde karıştırıldıktan sonra bu karışımı mesclun yeşillikleri ile karıştırın. Daha sonra salataya doğranmış pastırma ve haşlanmış yumurta serpin.

Eğlence!!

Körili ton balıklı salata

İçindekiler

1 çay kaşığı köri tozu

Sebze yağı

½ bardak mayonez

Misket limonu suyu

Ton balığı konservesi

2 kırmızı soğanı dilimler halinde kesin

1 demet kişniş

10-12 altın kuru üzüm

Tatmak için biber ve tuz

yöntem

Köri tozunu bitkisel yağda kızartın ve soğumaya bırakın. Şimdi mayonezi, limon suyunu, tuzu ve karabiberi bir kaseye koyun ve iyice karıştırın. Şimdi kızartılmış tozu ve bu karışımı alıp konserve ton balığı, kişniş, kırmızı soğan ve kuru üzümle karıştırın. Bunları iyice karıştırın ve ardından bu lezzetli, ilginç salatayı servis edin.

Eğlence!!

Kızılcık ıspanak salatası

İçindekiler

½ bardak tereyağı

Bir su bardağından az beyazlatılmış badem

Yarım kilo ıspanak, parçalar halinde kesilmiş

Bir bardak kurutulmuş kızılcık

1 çay kaşığı susam, kavrulmuş

1 çay kaşığı haşhaş tohumu

1/2 su bardağı beyaz şeker

1 soğan, doğranmış

1 çay kaşığı kırmızı biber

Yaklaşık 1/2 bardak beyaz şarap sirkesi

elma sirkesi

1/2 su bardağı bitkisel yağ

yöntem

Bir tava alın ve tereyağını yağda kısık ateşte eritin, ardından bademlerle karıştırıp kavurun. Ve pişince biraz soğuması için bir kenara koyuyoruz. Şimdi başka bir orta boy kase alın, susam, haşhaş tohumu, şeker, soğan, beyaz şarap sirkesi, elma şarabı ve yağı karıştırın. Daha sonra kütleyi ıspanakla karıştırın ve son olarak kaseye kızarmış badem ve kurutulmuş kızılcık ekleyin. Daha sonra salatamız servise hazırdır.

Eğlence!!

Bermuda ıspanak salatası

İçindekiler

5-6 yumurta

1/2 kg pastırma

Yaklaşık iki kilo ıspanak, ince doğranmış

3 kruton

1 bardak mantar

1 soğan

Bir bardak beyaz şeker

Sebze yağı

1 çay kaşığı karabiber, öğütülmüş

kereviz tohumları

1 çay kaşığı Dijon hardalı

yöntem

Yumurtaları bir tavaya koyun ve içini tamamen soğuk suyla doldurun, ardından suyu kaynatın, yumurta suya batırılıncaya kadar bekleyin, ardından tavayı bir kenara koyup soğumaya bırakın. Yumurtalar soğuduktan sonra soyun ve doğrayın. Şimdi pastırmayı tavaya koyun ve kahverengi oluncaya kadar kızartın. Pişirdikten sonra süzün. Şimdi geri kalan malzemeleri alın ve iyice karıştırın. Salatamız iyice karıştırıldıktan sonra servise hazırdır.

Eğlence!!

Ispanak ve mantar salatası

İçindekiler

1 pound pastırma, dilimlenmiş

3 yumurta

1 çay kaşığı beyaz şeker

2-3 yemek kaşığı. sudan

2 yemek kaşığı. elma sirkesi

Bir kilo ıspanak

Tuz

Yaklaşık yarım kilo mantar dilimler halinde kesilmiş

yöntem

Büyük bir tava alın ve pastırma dilimlerini orta ateşte yağda kızartın.

Pastırma kahverengileşince ufalayın ve pastırma yağını saklayarak bir kenara

koyun. Şimdi yumurtaları bir tavaya koyun ve üzerine su dökün, ardından

suyu kaynatın. Daha sonra yumurtaları çıkarın ve soğumaya bırakın,

ardından soyun ve halkalar halinde kesin. Şimdi şeker, su, sirke ve tuzu

pastırma yağının bulunduğu tencereye koyun ve iyice ısıtın. Şimdi tüm

malzemeleri ıspanakla birlikte geniş bir kaseye koyun, karıştırın ve lezzetli

salatanız hazır.

Eğlence!!

Solmuş ıspanak salatası

İçindekiler

3 yumurta

Bir kilo pastırma, dilimlenmiş

Bir demet ıspanak, temizlenmiş ve kurutulmuş

Bir su bardağına yakın şeker

1/2 su bardağı beyaz sirke

Bir bardak kırmızı şarap sirkesi

3 yeşil soğan

yöntem

Yumurtaları bir tavaya koyun ve üzerine uygun miktarda soğuk su dökün, ardından suyu tavanın kapağını kapatarak kaynatın. Yumurtalar hazır olduğunda soğumaya bırakın, ardından yumurtaları soyun ve dilimler veya dilimler halinde kesin. Şimdi pastırmayı tavadan çıkarın ve kısık ateşte kızartın. Pastırma kızartıldıktan sonra ıspanak ve soğanla birlikte geniş bir kaseye koyun. Pastırma yağını ve kalan malzemeleri bir kaseye dökün, iyice karıştırın ve salata hazır.

Eğlence!!

Brüksel lahanası, pastırma ve ıspanaklı sıcak salata

İçindekiler

6-7 dilim pastırma

2 su bardağı Brüksel lahanası

1 çay kaşığı kimyon tohumu

2 yemek kaşığı. Sebze yağı

2 yemek kaşığı. Beyaz şarap sirkesi

1/2 kiloluk ıspanak, doğranmış, yıkanmış ve kurutulmuş

yöntem

Pastırmayı tavaya yerleştirin ve orta ateşte pastırma altın rengi kahverengi olana kadar pişirin. Pişirildikten sonra ufalanıp bir kenara bırakılır. Şimdi filizleri yumuşayana kadar buharda pişirin. Tavada kalan pastırma yağına filizleri ve kimyonu ekleyin ve yumuşayana kadar bir iki dakika karıştırın. Şimdi tüm malzemeleri pastırma ve ıspanakla birlikte bir kaseye koyun ve iyice karıştırın. İyice karıştırdıktan sonra lezzetli salata servise hazırdır.

Eğlence!!

Brokoli Salatası

İçindekiler

1 su bardağı az yağlı mayonez

2 baş brokoli, taze, parçalara ayrılmış

1/2 bardak kırmızı soğan, ince doğranmış

1/2 bardak kuru üzüm

2 yemek kaşığı. Beyaz şarap sirkesi

1 çay kaşığı beyaz şeker 1 su bardağı ayçiçeği çekirdeği

yöntem

Pastırmayı tavaya ekleyin ve orta ateşte altın rengi kahverengi olana kadar kızartın. Daha sonra pastırmayı boşaltın ve bir kenara koyun. Şimdi tüm malzemeleri pişmiş pastırmayla birlikte bir kaseye koyun ve iyice karıştırın. Karıştırdıktan sonra buzdolabında 1-2 saat dinlendirip soğuk olarak servis yapın.

Eğlence!!

Hasat salatası

İçindekiler

1/2 su bardağı kıyılmış ceviz

1 demet ıspanak, temizlenmiş ve parçalara bölünmüş

1/2 bardak kızılcık

1/2 bardak mavi peynir, doğranmış veya ufalanmış

2 adet domates, çekirdekleri çıkarılmış ve doğranmış

1 avokado, soyulmuş ve doğranmış

2 yemek kaşığı. Siyah şarap sirkesi

2 yemek kaşığı. Kırmızı ahududu reçeli

1 su bardağı ceviz yağı

Tatmak için tuz ve karabiber

yöntem

Fırını önceden 190°C'ye ısıtın, cevizleri bir fırın tepsisine koyun ve altın

kahverengi olana kadar kızartın. Şimdi bir kase alın ve ıspanak, ceviz, kızılcık,

kırmızı soğan, avokado, mavi peynir ve domatesleri karıştırın. İyice

karıştırıldıktan sonra başka bir küçük kap alın ve reçel, ceviz yağı, karabiber,

tuz ve sirkeyi ekleyin. Şimdi bu karışımı salataya dökün ve iyice karıştırın.

Servis yapmadan önce bir veya iki saat soğutun.

Eğlence!!

Yeşil kış salatası

İçindekiler

1 demet kıyılmış lahana

1 demet kıyılmış karalahana yaprağı

1 marul, dilimler halinde kesilmiş

1 baş kırmızı lahana

1 armut

1 Bermuda soğanı

1 avokado, soyulmuş ve doğranmış

2 havuç, rendelenmiş

2-3 yemek kaşığı. Kuru üzüm

zeytin yağı

Sirke

1 çay kaşığı bal

1 çay kaşığı kekik

1 çay kaşığı Dijon hardalı

1 diş sarımsak, doğranmış

Karabiber

yöntem

Geniş bir kase alın, lahana yapraklarını, lahana ve rendelenmiş havuçları

lahana, ceviz, domates ve kuru üzümle karıştırın ve karıştırın. Şlmdl başka blr

küçük kase alın, geri kalan malzemeleri içine koyun ve iyice karıştırın.

Malzemeler iyice karışınca karışımı lahana ve lahana yapraklarının

bulunduğu kaseye dökün ve iyice yayın. Böylece servise hazır hale gelir.

Eğlence!!

Domates ve Mozzarella Salatası

İçindekiler

5 domates

1 su bardağı mozzarella peyniri, dilimlenmiş

2 yemek kaşığı. zeytin yağı

2 yemek kaşığı. Balzamik sirke

Tadına göre tuz ve karabiber ekleyin

Parçalara ayrılmış taze fesleğen yaprakları

yöntem

Domatesleri ve mozarellayı bir tabağa koyun ve dönüşümlü olarak dizin.

Şimdi yağı, sirkeyi, tuzu ve karabiberi karıştırıp servis tabağına dökmeniz

gerekiyor. Servis yapmadan önce salataya fesleğen yaprakları serpin.

Eğlence!!

BLT Salata

İçindekiler

1 pound pastırma

1 bardak mayonez

1 çay kaşığı sarımsak tozu

Tatmak için biber ve tuz

1 baş Romaine

2 domates

2 kruton

yöntem

Benekleri bir tavada orta ateşte eşit şekilde kızarıncaya kadar kızartın,
ardından süzün ve bir kenara koyun. Şimdi çoklu görevlinizi alın ve
mayonezi, sütü, sarımsak tozunu ve biberi pürüzsüz hale gelinceye kadar
püre haline getirin. Böylece salata sosu hazır. Şimdi marulu, pişmiş
pastırmayı, domatesleri ve krutonları bir kaseye koyun, ardından sosu
üzerlerine dökün ve iyice kaplayın. Servis yapmadan önce bir veya iki saat
soğutun.

Eğlence!!

Güzel salata

İçindekiler

1 demet genç ıspanak yaprağı

2 kırmızı soğan

1 kutu mandalina, süzülmüş

1 su bardağı kurutulmuş kızılcık

½ su bardağı beyaz peynir, ufalanmış

1 su bardağı salata sosu karışımı

yöntem

Salata sosu dışındaki tüm malzemeleri geniş bir kaseye koyun ve iyice karıştırın. Malzemeler iyice karıştırıldıktan sonra salata kasesine salata sosunu serpin ve güzel salata servise hazır.

Eğlence!!

Badem ve mandalina salatası

İçindekiler

1/2 kg pastırma

2 çay kaşığı beyaz şarap sirkesi

1 çay kaşığı bal

1 çay kaşığı sıcak hardal

1 çay kaşığı kereviz tuzu

1 çay kaşığı kırmızı biber

1 adet kırmızı yaprak salatası

1 kutu mandalina, süzülmüş

2 yeşil soğan, dilimlenmiş

1 su bardağı badem, gümüş kaplama

yöntem

Bir kızartma tavası alın ve pastırmayı kapalı olarak kahverengileşinceye kadar kızartın. Salata sosunu hazırlamak için bal, sirke, hardalı kereviz tuzu, kırmızı biber ve zeytinyağıyla karıştırın. Şimdi marulu, portakalları, pişmiş pastırmayı ve gümüşlenmiş bademleri bir kaseye koyun, ardından salata sosunu üzerlerine dökün ve iyice kaplayacak şekilde iyice karıştırın. Servis yapmadan önce salatayı bir saat soğumaya bırakın.

Eğlence!!

Ton balığı ve mandalina salatası

İçindekiler

zeytin yağı

1 kutu ton balığı

Çocuklar için 1 paket karışık sebze

1 Granny Smith elması, soyulmuş ve doğranmış

1 kutu mandalina

yöntem

Zeytinyağını ısıtın ve ton balığını tamamen pişene kadar kızartın. Şimdi bir

kase alın ve yeşil salatayı haşlanmış ton balığı, elma ve portakalla karıştırın.

Böylece salata servise hazır hale gelir.

Eğlence!!

Makarna ve ton balıklı salata

İçindekiler

1 paket makarna

2 kutu ton balığı

1 bardak mayonez

Tatmak için biber ve tuz

1 tutam toz sarımsak

1 tutam kekik, kurutulmuş

1 soğan, ince doğranmış

yöntem

Tencereye tuzlu su dökün ve kaynatın, ardından makarnayı ekleyip pişirin, piştikten sonra makarnayı süzün ve soğumaya bırakın. Şimdi konserve ton balığını pişmiş makarnayla karıştırın, ardından mayonezi ekleyip iyice karıştırın. Şimdi geri kalan malzemeleri karışıma ekleyin ve iyice karıştırın. Tüm malzemeler karıştırıldıktan sonra yaklaşık bir veya iki saat soğumaya bırakın. İşte bu kadar lezzetli ton balıklı salata servise hazır.

Eğlence!!

Asya salatası

İçindekiler

2 paket ramen noodle

1 bardak badem, beyazlatılmış ve gümüş kaplama

2 çay kaşığı susam

1/2 bardak tereyağı

1 baş Çin lahanası, doğranmış

1 demet taze soğan, doğranmış

¼ bardak bitkisel yağ

2-3 çay kaşığı. Beyaz şeker

2 çay kaşığı soya sosu

yöntem

Bir tava alın ve tereyağını veya margarini ısıtın, ardından kısık ateşte ramen

eriştelerini, susam tohumlarını ve bademleri ekleyin ve altın rengi

kahverengi oluncaya kadar kızartın. Piştikten sonra soğumaya bırakın. Şimdi

daha küçük bir tava alın, bitkisel yağı, şekeri ve sirkeyi ekleyin ve yaklaşık bir

dakika pişirin, ardından soğutun ve soğuduktan sonra soya sosunu ekleyin.

Bir kase alın ve tüm malzemeleri pişmiş ramen eriştesi ve şeker karışımıyla

birlikte karıştırın ve iyice karıştırın. Servis yapmadan önce salatanın bir saat

veya daha fazla soğumasını bekleyin.

Eğlence!!

Erişte ve tavuklu Asya salatası

İçindekiler

1 paket Rotelle makarna

2 adet tavuk göğsü, kemiksiz, parçalara ayrılmış, pişmiş

2-3 yemek kaşığı. Sebze yağı

Tuz

2-3 havuç, doğranmış

1/2 kiloluk mantar

1/2 baş brokoli

1/2 baş karnabahar

su

2 çay kaşığı soya sosu

2 çay kaşığı susam yağı

yöntem

Tencereye tuzlu su dökün, kaynatın, bir paket makarnayı ekleyip pişirin.

Makarna haşlandıktan sonra süzün ve bir kenara koyun. Şimdi bir tava alın

ve havuçları gevrek ve yumuşak hale gelinceye kadar tuzla pişirin. Şimdi bir

kase alın, makarnayı, havuçları ve tavuk göğsünü ekleyin ve iyice karıştırın.

Şimdi mantarları pişirin ve bir kaseye koyun, ardından geri kalan

malzemeleri ekleyin ve iyice karıştırın. Salatayı soğutulmuş olarak servis

edin.

Eğlence!!

Cobb etli marul salatası

İçindekiler

4-5 dilim pastırma 2 yumurta

1 baş buzdağı marul

1 tavuk göğsü

2 domates, dilimlenmiş

¼ bardak mavi peynir, doğranmış

2 yeşil soğan, dilimlenmiş

Bir şişe salata sosu

yöntem

Yumurtaları kaynatın, soyun ve doğrayın. Pastırmayı ve tavuğu ayrı ayrı altın rengi kahverengi olana kadar kızartın. Parçalan. Servis yapmadan hemen önce tüm malzemeleri geniş bir kapta birleştirin ve iyice karıştırın. Gecikmeden servis yapın.

Eğlence!!

Roka ve pastırma ile mısır salatası tarifi

İçindekiler

4 büyük baskı

2 su bardağı doğranmış roka

4 şerit pastırma

1/3 bardak doğranmış frenk soğanı

1 çorba kaşığı. zeytin yağı

1 çorba kaşığı. sirke

1/8 çay kaşığı kimyon

Tuz ve karabiber

yöntem

Mısırı kabuğuyla birlikte ızgarada dumanlı bir tat için 12-15 dakika ısıtın.

Orta boy bir kapta mısır, roka, pastırma ve soğanı birleştirin. Ayrı bir kapta

sirke, yağ, tuz ve karabiberi karıştırın. Servis yapmadan hemen önce sosu

salatayla karıştırıp hemen servis yapın.

Eğlence!

Siyah bezelye salatası tarifi

İçindekiler

2 su bardağı kuru börülce

230 gram beyaz peynir

230 gram kurutulmuş domates

1 su bardağı siyah Kalamata zeytini

İnce kıyılmış frenk soğanı

Kıyılmış sarımsak karanfil

1 büyük demet doğranmış ıspanak

Limon suyu ve kabuğu rendesi

yöntem

Bezelyeyi hazır olana kadar tuzlu suda kaynatın. Süzün ve soğuk suyla

durulayın. Limon suyu dışındaki tüm malzemeleri bir kapta karıştırın. Servis

yapmadan hemen önce limon suyunu ekleyip hemen servis yapın.

Eğlence!

Pancar ve keçi peynirli roka salatası tarifi

İçindekiler

Salata malzemeleri:

2 soyulmuş pancar

Bir avuç roka yaprağı

½ bardak keçi peyniri, ufalanmış

½ su bardağı kıyılmış ceviz

Pansuman için malzemeler:

¼ bardak zeytinyağı

½ limon

¼ çay kaşığı kuru hardal tozu

¾ çay kaşığı şeker

Tuz ve biber

yöntem

¼ çay kaşığı sosu karıştırın. hardal tozu, ¾ çay kaşığı. şeker, ½ limon ve ¼

bardak zeytinyağı, tuz ve karabiber. Bir avuç roka yaprağını, bir miktar jülyen

pancarı, ufalanmış keçi peynirini ve kıyılmış cevizi karıştırın. Servis yapmadan

hemen önce sosu üzerine dökün. Gecikmeden servis yapın.

Eğlence!

Asya lahana salatası tarifi

İçindekiler

1 su bardağı kremalı fıstık ezmesi

6 yemek kaşığı bitkisel yağ

½ çay kaşığı kızarmış susam yağı

4 yemek kaşığı. baharatlı pirinç sirkesi

4 su bardağı ince dilimlenmiş lahana

½ su bardağı rendelenmiş havuç

¼ su bardağı kavrulmuş kabuklu fıstık

yöntem

Fıstık ezmesini orta boy bir kaseye ekleyin, kavrulmuş susam yağını ekleyin ve güzelce yumuşayana kadar çırpın. Daha da iyi bir lezzet için fıstıkları kavurun, sadece bir dakika kavurmak yeterlidir. Fıstıkları tavadan büyük bir kaseye aktarın. Havuç, lahana ve fıstıkları ve eklemek istediğiniz diğer malzemeleri karıştırıp hemen servis yapın.

Eğlence!

Asya şehriye salatası tarifi

İçindekiler

280 gram Çin eriştesi

1/3 su bardağı soya sosu

3 su bardağı brokoli çiçeği

115 gram yeşil fasulye filizi

3 adet ince doğranmış soğan,

1 kırmızı biber

1/4 ince dilimlenmiş büyük lahana

1 büyük soyulmuş havuç

yöntem

Geniş bir tencereye 4 bardak su dökün ve Çin eriştesini ekleyin. Makarnayı pişirirken sürekli karıştırın. Erişte paketinin üzerindeki talimatlara mutlaka uyun; Çin eriştesi kullanıyorsanız bunu 5 dakika piştikten sonra yapın. Makarnayı süzün, pişmeyi durdurmak için soğuk suyla yıkayın, kuruması için makarnayı bir fırın tepsisine yayın. Brokoli çiçeklerini ve buharlı tencere seviyesine gelecek kadar su ekleyin. Örtün ve 4 dakika boyunca buharlayın. Tüm malzemeleri bir kapta karıştırın. Gecikmeden servis yapın.

Eğlence!

Kuşkonmaz ve enginar salatası tarifi

İçindekiler

1 büyük, ince dilimlenmiş soğan

3 yemek kaşığı. limon suyu

450 gram kalın kuşkonmaz

2 yemek kaşığı. zeytin yağı

1 çay kaşığı sarımsak tozu

1 litre üzüm

yöntem

Öncelikle dilimlenmiş soğanı limon suyuna batırın ve kuşkonmazı önceden 400 derece F'ye ısıtılmış fırında kızartın. Kuşkonmaza 1 yemek kaşığı ekleyin. zeytinyağı ve iyice tuzlayın. Folyo kaplı bir fırın kabına tek kat halinde yerleştirin ve hafifçe kızarana kadar 10 dakika pişirin. Kuşkonmazı ızgaralamak için kömür ızgaranızı 5 ila 10 dakika boyunca yüksek ateşte ayarlayın. Kuşkonmazı ızgaradan çıkarıp parçalara ayırın, geniş bir kaseye kuşkonmaz ve tüm malzemeleri koyup karıştırıp hemen servis yapın.

Eğlence!

Karidesli kuşkonmaz salatası tarifi

İçindekiler

450 gram kuşkonmaz

Salata için 226 gram pembe karides

¼ bardak sızma zeytinyağı

1 diş kıyılmış sarımsak

1 çorba kaşığı. limon suyu

1 çorba kaşığı. öğütülmüş maydanoz

Tuz ve karabiber

yöntem

Orta boy bir tencerede suyu kaynatın. Kaynayan suya kuşkonmazı ekleyip 3 dakika pişirin. Zaten pişmişlerse 30 saniye sonra çıkarın. Karidesler çiğse, tamamen pişene kadar 3 dakika pişirin. Karidesleri çıkarın ve geniş bir kaseye ekleyin. Kuşkonmaz başlarını ince ince doğrayın. Kuşkonmaz uçlarını tek parça halinde kesin. Kalan malzemeleri ekleyin ve birleşene kadar karıştırın. Tadına göre tuz ve karabiber ekleyin. İsterseniz tadına daha fazla limon suyu ekleyin ve hemen servis yapın.

Eğlence!

Kekikli yaban mersini ve şeftali ile meyve salatası tarifi

İçindekiler

4 şeftali

4 nektarin

1 bardak yaban mersini

2 çay kaşığı doğranmış taze kekik

1 çay kaşığı rendelenmiş zencefil

¼ bardak limon suyu

1 çay kaşığı limon kabuğu rendesi

1/2 bardak su

¼ bardak şeker

yöntem

Bir tencereye su ve şekeri dökün, kısık ateşte ısıtın ve yarıya kadar basit bir şurup haline gelecek sıvıyı kaynatın, soğumaya bırakın. Nektarinleri ve şeftalileri doğrayın ve meyvelerin bulunduğu kaseye ekleyin. Üzerine soğumuş şerbeti dökün. Limon kabuğu rendesi, kekik, limon suyu ve zencefil ekleyin. Karıştırıp streç filmle kaplayın, buzdolabına koyun ve bir saat kadar yumuşamasını bekleyin. Gecikmeden servis yapın.

Eğlence!

Brokoli salatası tarifi

İçindekiler

tuz

6 su bardağı brokoli çiçeği

1/2 su bardağı kavrulmuş badem

1/2 bardak pişmiş pastırma

¼ bardak doğranmış soğan

1 su bardağı çözülmüş dondurulmuş bezelye

1 bardak mayonez

elma sirkesi

¼ bardak bal

yöntem

Büyük bir tencereye bir çay kaşığı tuz ile su getirin. tuz, kısık ateşte pişirin.

Brokoli çiçeklerini ekleyin. Brokolinizin ne kadar çıtır olmasını istediğinize

bağlı olarak 2 dakika pişirin. 1 dakika brokoli açık yeşile dönecek ve hala

oldukça çıtır olacaktır. Regülatörü ayarlayın ve 2 dakikadan fazla pişirmeyin.

Brokoli çiçeklerini, ufalanmış pastırmayı, bademleri, doğranmış soğanı ve

bezelyeyi geniş bir kapta ayrı bir puding kasesinde birleştirin, mayonez, sirke

ve balı ekleyip iyice karıştırın ve soğumaya bırakın. Gecikmeden servis yapın.

Eğlence!

Kızılcık-Portakal Soslu Brokoli Salatası Tarifi

İçindekiler

2 yemek kaşığı. balzamik sirke

½ bardak kurutulmuş şekerli kızılcık

2 çay kaşığı tam tahıllı hardal

2 yemek kaşığı. kırmızı şarap sirkesi

1 diş sarımsak

½ su bardağı portakal suyu

2-3 dilim portakal kabuğu

Kaşer tuzu

6 yemek kaşığı bitkisel yağ

¼ bardak mayonez

½ baş lahana

2-3 soğan

¼ bardak kurutulmuş kızılcık

2-3 dilim rendelenmiş portakal kabuğu

yöntem

Şarap sirkesi ve balzamik sirkeyi, hardalı, soyulmuş kurutulmuş kızılcıkları, balı, sarımsağı, portakal suyunu, portakal kabuğu rendesini ve tuzu mutfak robotuna ekleyin ve pürüzsüz hale gelinceye kadar karıştırın. İyi bir kıvam elde etmek için sürekli karıştırarak bitkisel yağı yavaş yavaş ekleyin. Daha sonra mayonezi ekleyin ve birleşene kadar karıştırın. Bir karıştırma kabına doğranmış brokoli saplarını, havuçları, kurutulmuş kızılcıkları, portakal kabuğu rendesini ve koşer tuzunu ekleyin. Pansumanı ekleyin ve pansuman eşit şekilde dağılıncaya kadar karıştırın. Gecikmeden servis yapın.

Eğlence!

Avokado ve yadigarı domatesli salata

İçindekiler

1 1/2 avokado, dilimlenmiş ve soyulmuş

1 1/2 domates, dilimlenmiş

2 adet dilimlenmiş taze soğan veya doğranmış taze frenk soğanı

Bir dilimden limon suyu

Bir tutam kaba tuz

yöntem

Avokado ve domates dilimlerini bir tabağa yerleştirin. Frenk soğanı limon suyuyla serpin ve tuz ekleyin. Hala kabuğunda olan avokadonun yarısının çekirdeğini çıkarın ve posayı bir kaseye koyun. Domates ve hazırlanmış frenk soğanı ekleyin, iyice karıştırın. Gecikmeden servis yapın.

Eğlence!

Kakule ve narenciye salatası tarifi

İçindekiler

1 büyük yakut pembesi greyfurt

3 göbekli portakal veya göbekli portakal veya mandalina, kan portakalı ve/veya mandalina kombinasyonu

¼ bardak bal

2 yemek kaşığı. taze limon veya limon suyu

1/4 çay kaşığı öğütülmüş kakule

yöntem

Öncelikle meyveyi soyun ve dilimlerin zarlarını keskin bir bıçakla kesin.

Soyulmuş parçaları bir karıştırma kabında karıştırın. Fazla meyve suyunu

küçük bir tencereye süzün. Tencereye bal, limon suyu ve kakule ekleyin. 10

dakika pişirin, ardından ocaktan alın ve oda sıcaklığına soğutun. 15 dakika

bekletin veya hazır olana kadar buzun üzerine koyun. Gecikmeden servis

yapın.

Eğlence!

Kapari ve mısır salatası tarifi

İçindekiler

6 kulak tatlı mısır

¼ bardak zeytinyağı

şeri sirkesi

karabiber

1 ½ çay kaşığı koşer tuzu

½ çay kaşığı şeker

3 adet çekirdeksiz doğranmış domates

½ bardak dilimlenmiş frenk soğanı

230 gram taze mozarella

Fesleğen yaprakları

yöntem

Izgarayı yüksek ateşte önceden ısıtın ve mısırı koçanın üzerine doğrudan ızgaraya yerleştirin. 15 dakika kaynatın, mısır tazeyse mısırın önceden suya batırılmasına gerek yoktur. Yalnızca mısırı yakmak istiyorsanız, önce dıştaki mısır kabuklarının bir kısmını çıkarın, böylece mısırın çevresinde daha az bakım tabakası kalır. Büyük bir kase alın ve mısır, mozarella, arpacık soğan, domates ve sosu karıştırın. Servis yapmadan hemen önce taze doğranmış fesleğen ekleyin. Gecikmeden servis yapın.

Eğlence!

Kereviz kökü salatası

İçindekiler

½ bardak mayonez

2 yemek kaşığı. hardal, Dijon

1 çorba kaşığı. limon suyu

2 yemek kaşığı. maydanoz, doğranmış

545 g kereviz kökü dörde bölünmüş, soyulmuş ve kaba rendelenmiş, karıştırmadan hemen önce

½ yeşil elma, soyulmuş, çekirdekleri çıkarılmış ve jülyen şeklinde kesilmiş

Tuz ve toz biber

yöntem

Bir kapta mayonez, hardal, limon suyu ve maydanozu karıştırın. Kereviz kökünü elmanın üzerine yayın, tuz ve karabiberle tatlandırın, sarın ve 1 saat soğuyana kadar buzdolabında saklayın.

Eğlence!

Kiraz domatesli ve salatalıklı beyaz salata

İçindekiler

2 veya 3 bardak kiraz domates, ikiye bölünmüş

1 bardak doğranmış salatalık, soyulmuş

1/4 bardak ufalanmış peynir, beyaz peynir

1 çorba kaşığı. şifonlu nane yaprakları

1 çorba kaşığı. kekik, taze, doğranmış

1 çorba kaşığı. limon suyu

2 yemek kaşığı. arpacık soğanı veya yeşil soğan, ince doğranmış

2 yemek kaşığı. zeytin yağı

Tuz

yöntem

Kiraz domatesleri salatalık, peynir, soğan, nane ve kekikle yavaşça karıştırın.

Limon suyu, tuz, karabiber ve zeytinyağıyla süsleyin.

Eğlence!

Nane ve beyaz peynirli salatalık salatası tarifi

İçindekiler

453 gram salatalık, ince dilimlenmiş

¼ kırmızı soğanı 1 inçlik dilimler halinde ince dilimleyin

2-3 ince dilim kırmızı turp

10 adet ince dilimlenmiş nane yaprağı

Beyaz sirke

zeytin yağı

¼ kilo beyaz peynir

taze çekilmiş karabiber ve tuz

yöntem

Orta boy bir kapta doğranmış salatalık, nane yaprağı, turp, kırmızı soğanı

biraz beyaz sirke ve zeytinyağı, tuz ve taze çekilmiş karabiberle iyice

karıştırın. Servis yapmadan hemen önce ufalanmış beyaz peynir parçalarını

serpin. Aradan hemen önce servis yapın.

Eğlence!

Kiraz domates ve orzo salatası tarifi

İçindekiler

230 gram orzo makarna

Tatmak için tuz ve karabiber

1 yarım litre dilimlenmiş kırmızı kiraz domates

1 litre sarı kiraz domates (ikiye bölünmüş)

¼ bardak zeytinyağı

230 gram ufalanmış beyaz peynir

1 büyük salatalık, doğranmış ve soyulmuş

2 adet ince dilimlenmiş yeşil soğan

taze çekilmiş kekik

yöntem

Büyük bir tencereye su doldurun ve kaynatın. Tencerenin dibine yapışmayacak şekilde karıştırarak orzoyu ekleyin. Al dente, olgun ama yine de biraz sert olana kadar yüksek ateşte pişirin. Geriye kalan malzemeleri domates, kekik, beyaz peynir, taze soğan, salatalık ve karabiberle karıştırın. Gecikmeden servis yapın.

Eğlence!

Üzüm ve bademli salatalık salatası tarifi

İçindekiler

¼ bardak kıyılmış badem

1 pound soyulmuş salatalık

tuz

1 çay kaşığı sarımsak, doğranmış

20 adet doğranmış yeşil üzüm

2 yemek kaşığı. zeytin yağı

1 şeri veya beyaz şarap sirkesi

Süslemek için 2 çay kaşığı doğranmış frenk soğanı

yöntem

Salatalıkları uzunlamasına kesin. Tohumları bir kaşıkla çıkarın ve atın. Biraz daha büyük salatalık kullanıyorsanız tekrar uzunlamasına kesin. Tuzun salatalığı eşit şekilde kaplaması için karıştırın. Dilimlenmiş bademleri küçük bir tavada kısık ateşte sık sık çevirerek kızartın, ardından bir kaseye alıp soğumaya bırakın. Badem, salatalık, üzüm, sarımsak, zeytinyağı ve sirkeyi geniş bir kapta karıştırın ve damak tadınıza göre biraz daha tuz ekleyin. Frenk soğanı ile süsleyip hemen servis yapın.

Eğlence!

Kinoa ve nane salatası tarifi

İçindekiler

1 bardak kinoa

2 bardak su

½ çay kaşığı koşer tuzu

1 büyük soyulmuş salatalık

¼ bardak ince dilimlenmiş nane

1 ince doğranmış yeşil soğan

4 yemek kaşığı. pirinç sirkesi

zeytin yağı

1 soyulmuş avokado

yöntem

Kinoayı orta boy bir tencereye koyun ve üzerini suyla kaplayın. Yarım çay

kaşığı ekleyin. tuz, ısıyı en aza indirin. Pişmiş kinoanın oda sıcaklığına

soğumasını bekleyin. Kinoayı fırın tepsisine yayarak hızlıca soğutabilirsiniz.

Salatalığı uzun dilimler halinde kesin. Tecrübeli pirinç sirkesini dökün ve

tekrar çevirin. Kullanıyorsanız dilimlenmiş avokadoyu yavaşça karıştırın ve

hemen servis yapın.

Eğlence!

Antep fıstığı ve kayısılı kuskus tarifi

İçindekiler

½ su bardağı doğranmış kırmızı soğan

¼ bardak limon suyu

1 paket kuskus

2 yemek kaşığı. zeytin yağı

½ su bardağı çiğ antep fıstığı

10 adet kurutulmuş, doğranmış kayısı

1/3 su bardağı kıyılmış maydanoz

yöntem

Doğranmış soğanı küçük bir kaseye koyun. Kenara koyduğunuz soğanın

üzerine limon suyunu dökün ve soğanın limon suyuyla ıslanmasını sağlayın.

Antep fıstıklarını küçük bir tavada kısık ateşte altın rengi oluncaya kadar

kavurun. Orta boy bir tencereye 2 su bardağı su dökün ve kaynatın. Bir kaşık

ekleyin. zeytinyağı ve bir çay kaşığı. sudaki tuz; kuskus ekleyin ve kapağı

kapalı olarak 5-6 dakika pişirin. Antep fıstığı, doğranmış kayısı ve

maydanozla karıştırın. Kırmızı soğan ve limon suyunu karıştırın. Gecikmeden

servis yapın.

Eğlence!

Lahana salatası tarifi

İçindekiler

½ lahana, dilimler halinde kesilmiş

½ havuç, dilimler halinde kesilmiş

2-3 yeşil soğan, dilimlenmiş

3 yemek kaşığı. mayonez

½ çay kaşığı sarı hardal

2 yemek kaşığı. Pirinç sirkesi

Tadımlık şeker

Tatmak için biber ve tuz

yöntem

Doğradığınız tüm sebzeleri bir kapta karıştırın. Sos için mayonez, sarı hardal ve pirinç sirkesini karıştırın. Servis yapmadan hemen önce sosu sebzelerin üzerine dökün ve üzerine biraz tuz, karabiber ve şeker serpin. Gecikmeden servis yapın.

Eğlence!

Soğuk bezelye salatası tarifi

İçindekiler

453 gram dondurulmuş bezelye, buzunu çözmeyin

170 g tütsülenmiş badem, doğranmış, fazla tuzu gidermek için tercihen elle yıkanmış

½ bardak doğranmış frenk soğanı

230 gram doğranmış su kestanesi

2/3 su bardağı mayonez

2 yemek kaşığı. sarı köri tozu

Tadına göre tuz ekleyin

zevkinize biber

yöntem

Dondurulmuş yeşil soğanları, bezelyeyi, bademleri ve kestaneleri karıştırın.

Ayrı bir kapta mayonez ve köriyi karıştırın. Mayonez karışımını bezelyelere

düzgün bir şekilde karıştırın. Tatmak için tuz ve taze çekilmiş karabiber

serpin. Gecikmeden servis yapın.

Eğlence!

Salatalık ve yoğurt salatası tarifi

İçindekiler

2 soyulmuş ve dilimlenmiş salatalık, uzunlamasına dörde bölünmüş

1 su bardağı doğal yoğurt

1 çay kaşığı, birkaç çay kaşığı veya kurutulmuş dereotu, taze dereotu

Tadına göre tuz ekleyin

zevkinize biber

yöntem

Ekşi olmadıklarından emin olmak için önce salatalıkların tadına bakın.

Salatalık ekşiyse, salatalık dilimlerini acılığı kaybuluncaya kadar yarım saat

veya daha fazla tuzlu suda bekletin, ardından kullanmadan önce durulayın

ve süzün. Salatayı hazırlamak için malzemeleri yavaşça karıştırmanız

yeterlidir. Tatlandırmak için tuz ve karabiber serpin veya çalkalayın.

Gecikmeden servis yapın.

Eğlence!

Babamın Yunan salatası tarifi

İçindekiler

6 yemek kaşığı zeytinyağı

2 yemek kaşığı. taze limon suyu

½ çay kaşığı taze doğranmış sarımsak

4 yemek kaşığı kırmızı şarap sirkesi

½ çay kaşığı kurutulmuş kekik

½ çay kaşığı dereotu otu

Tuz ve taze çekilmiş karabiber

3 büyük domates ve çekirdekleri

¾ soyulmuş, iri doğranmış salatalık

½ soyulmuş ve doğranmış kırmızı soğan

1 iri doğranmış biber

½ su bardağı doğranmış çekirdekleri çıkarılmış siyah zeytin

Tam 1/2 bardak ufalanmış beyaz peynir

yöntem

Sirke, zeytinyağı, sarımsak, limon suyu, kekik ve dereotu birleşene kadar

karıştırın. Tuz ve taze çekilmiş karabiber ile tatlandırın. Bir kapta domatesleri

salatalık, soğan, biber ve zeytinle karıştırın. Peynir serpin ve hemen servis

yapın.

Eğlence!

Babamın patates salatası tarifi

İçindekiler

4 soyulmuş, orta boy kırmızı patates

4 yemek kaşığı. koşer salatalık turşusu suyu

3 yemek kaşığı. ince doğranmış salatalık turşusu

¼ bardak kıyılmış maydanoz

½ su bardağı doğranmış kırmızı soğan

2 kereviz sapı

2 adet doğranmış taze soğan

½ bardak mayonez

2 çay kaşığı Dijon hardalı

Tatmak için kaşer tuzu ve öğütülmüş karabiber

yöntem

Soyulmuş, dilimlenmiş patatesleri geniş bir tencereye koyun. Bir inç tuzlu su

dökün. Bir tencere suyu kaynatın. Çatal yumuşayana kadar 20 dakika pişirin.

Tencereden çıkarın ve ılık olana kadar soğutun. Kereviz, maydanoz, frenk

soğanı ve haşlanmış yumurta, havuç ve kırmızı biberi ekleyin. Küçük bir

leğeni bölün, mayonez ve hardalı karıştırın. Tatmak için biber ve tuz.

Gecikmeden servis yapın.

Eğlence!

Ceviz, armut ve gorgonzola ile hindiba salatası tarifi

İçindekiler

3 baş hindiba, önce uzunlamasına, sonra çapraz olarak ½ inçlik dilimler

halinde kesin

2 yemek kaşığı. kıyılmış ceviz

2 yemek kaşığı. ezilmiş gorgonzola

1 adet çekirdeği çıkarılmış ve doğranmış Bartlett armut,

2 yemek kaşığı. zeytin yağı

2 çay kaşığı elma sirkesi

Kaşer tuzu ve taze çekilmiş karabiber serpin

yöntem

Kıyılmış hindibayı geniş bir kaseye koyun. Ezilmiş gorgonzola, ceviz ve

doğranmış armutları ekleyin, armut ve cevizleri ince ince doğrayın. Meze

olarak, salataya zeytin ve biraz ufalanmış mavi peyniri hindiba yapraklarıyla

karıştırın, teknelere dolması gibi serpin. Salatayı elma sirkesi ile serpin.

Kombine edilene kadar karıştırın. Biraz tuz ve karabiberle tatlandırın.

Gecikmeden servis yapın.

Eğlence!

Nane soslu rezene salatası tarifi

İçindekiler

1 büyük rezene soğanı

1 ½ çay kaşığı şeker

2 limonun suyu

¼ bardak zeytinyağı

½ çay kaşığı hardal

½ çay kaşığı tuz

1 demet doğranmış taze nane

2 arpacık soğan, doğranmış

yöntem

Salata sosunu birleştirin. Limon suyunu, soğanı, tuzu, hardalı, şekeri ve naneyi blendera koyun ve malzemeler birleşene kadar kısa süre karıştırın. Motor çalışırken iyice birleşene kadar zeytinyağı ekleyin. Bir mandolin kullanarak rezeneyi ampulün altından başlayarak 1/8 inçlik parçalar halinde kesin. Rezene soğanlarının birikmesi konusunda endişelenmeyin, önlenebilir. Mandolininiz yoksa soğanı mümkün olduğu kadar ince dilimleyin. Rezene yapraklarını doğrayıp salataya ekleyin. Gecikmeden servis yapın.

Eğlence!

Rezene, radicchio ve hindiba salatası tarifi

İçindekiler

salata

1 baş radikşio

3 Belçika hindibası

1 büyük rezene soğanı

1 su bardağı iri rendelenmiş parmesan peyniri

Bandaj

3 yemek kaşığı. rezene yaprakları

½ çay kaşığı hardal

3 çay kaşığı doğranmış soğan

2 yemek kaşığı. limon suyu

1 çay kaşığı tuz

1 çay kaşığı şeker

1/3 su bardağı zeytinyağı

yöntem

Radicchio kafasını ikiye ve sonra dörde bölün. Her çeyreği alın ve uçtan çekirdeğe doğru kök boyunca yaklaşık yarım santimetre kalınlığında dilimler kesin. Her çeyrekten çekirdeğe doğru ince dilimler kesin. Doğranmış tüm sebzeleri rendelenmiş Parmesan peyniri ile geniş bir kapta karıştırın. Limon suyu, hardal, soğan, tuz ve şekeri ekleyin. Üzerine zeytinyağı gezdirin ve sosu 45 saniye püre haline getirin. Gecikmeden servis yapın.

Eğlence!

Lahana ve antep fıstığı ile Noel pancarı ve narenciye salatası tarifi

İçindekiler

10 adet kırmızı pancar karışımı

3 kan portakalı

1 demet lahana, ince dilimler halinde kesilmiş

1 su bardağı iri kıyılmış, kavrulmuş fıstık

¼ bardak kıyılmış nane yaprağı

3 doğranmış İtalyan maydanoz yaprağı

Bandaj:

2 yemek kaşığı. limon suyu

1/2 su bardağı kaliteli sızma zeytinyağı

2 adet iri doğranmış kapari

Tatmak için biber ve tuz

yöntem

Pancarları renklerine göre ayrı ayrı pişirin. Her pancar grubunu bir kaba

koyun ve üzerine yaklaşık bir santimetre su dökün. Biraz çay kaşığı ekleyin.

tuzlar. Pancarlar pişerken sosu hazırlayın. Tüm sos malzemelerini bir kaseye

koyun ve iyice karışıncaya kadar çalkalayın. Lahananın üzerine pancar,

maydanoz ve kıyılmış kavrulmuş antep fıstığını koyarak salatayı hazırlayın.

Hazırlanan sosla servis yapın.

Eğlence!

Altın pancar ve nar salatası tarifi

İçindekiler

Altın saçlı 3 pancar

1 su bardağı doğranmış kırmızı soğan

¼ bardak kırmızı şarap sirkesi

¼ su bardağı tavuk suyu

1 bardak şeker

½ çay kaşığı rendelenmiş portakal kabuğu

¼ bardak nar taneleri

yöntem

Pancarları kaynatın ve 375 derece F'de bir saat pişirin ve soğumaya bırakın.
Soyun ve yarım santimetre küpler halinde kesin. Soğanı, sirkeyi, et suyunu,
şekeri ve portakal kabuğu rendesini orta büyüklükte bir tavaya yüksek ateşte
koyun ve sık sık karıştırarak, sıvı bir çorba kaşığına düşene kadar yaklaşık 5
dakika pişirin. Nar tanelerini pancar karışımıyla karıştırın ve tadına göre tuz
ekleyin. Gecikmeden servis yapın.

Eğlence!

Lezzetli mısır ve siyah fasulye salatası

İçindekiler

1 çorba kaşığı. artı 3 yemek kaşığı. zeytin yağı

1/2 soğan doğranmış

Yaklaşık 2 koçan mısırdan 1 su bardağı mısır tanesi

12 yemek kaşığı. doğranmış kişniş

1 15 1/2 ons siyah fasulye konservesi, süzün ve durulayın

1 ½ domates, yaklaşık 0,5 pound, çekirdeği çıkarılmış, çekirdeği çıkarılmış ve

doğranmış

1 ½ yemek kaşığı kırmızı şarap sirkesi

1 çay kaşığı Dijon hardalı

Tuz ve biber

yöntem

Fırını 400 derece F'ye önceden ısıtın. 1 yemek kaşığı yerleştirin. Fırına dayanıklı bir tavaya yağı koyup yüksek ateşte ısıtın. Soğanı yumuşayana kadar kızartın. Mısır tanelerini ekleyip yumuşayıncaya kadar karıştırmaya devam edin. Tavayı önceden ısıtılmış fırına yerleştirin ve sebzeler altın rengi kahverengi olana kadar sık sık karıştırarak pişirin. Bu yaklaşık 20 dakika sürecektir. Hemen bir tabağa alıp soğumaya bırakın. Soğuyan mısır karışımını bir kaseye alıp domates, kişniş ve fasulyeyi ekleyip iyice karıştırın. Sirkeyi, hardalı, biberi ve tuzu küçük bir kaseye dökün ve tuz eriyene kadar iyice karıştırın. Yavaş yavaş 3 yemek kaşığı ekleyin. yağlayın ve tüm malzemeler iyice birleşene kadar karıştırmaya devam edin. Bu sosu mısır karışımının üzerine dökün ve hemen servis yapın.

Eğlence!

Çıtır brokoli tatlısı

İçindekiler

4 dilim pastırma

1/2 büyük baş brokoli

1/2 küçük kırmızı soğan, doğranmış, 1/2 bardak

3 yemek kaşığı. altın kuru üzüm

3 yemek kaşığı. mayonez

1 ½ yemek kaşığı beyaz balzamik sirke

2 yemek kaşığı. Bal

Tuz ve biber

yöntem

Pastırma dilimlerini bir tavada çıtır çıtır olana kadar kızartın. Bir mutfak havlusu üzerine boşaltın ve 1/2 inçlik parçalar halinde kesin. Kenarda dur. Brokoli çiçeklerini ayırın ve sap kısmını lokma büyüklüğünde doğrayın. Geniş bir kaseye aktarıp kuru üzüm ve soğanla karıştırın. Başka bir kapta sirke ve mayonezi birleştirin ve pürüzsüz hale gelinceye kadar karıştırın. Balı dökün ve tuz ve karabiberle tatlandırın. Servis yapmadan hemen önce sosu brokoli karışımının üzerine dökün ve sırla gezdirin. Ufalanmış pastırma serpin ve hemen servis yapın.

Eğlence!

Bistro usulü salata

İçindekiler

1 buçuk yemek kaşığı ince kıyılmış ceviz

2 büyük yumurta

Pişirme spreyi

1 dilim pastırma, pişmemiş

4 bardak lezzetli marul

2 yemek kaşığı, 0,5 ons ufalanmış mavi peynir

1/2 Bartlett armut, çekirdekleri çıkarılmış ve ince dilimlenmiş

½ yemek kaşığı beyaz şarap sirkesi

1/2 yemek kaşığı sızma zeytinyağı

1/4 çay kaşığı kurutulmuş tarhun

1/4 çay kaşığı Dijon hardalı

2,1 inç kalınlığında Fransız baget ekmeği dilimleri, kızartılmış

yöntem

Cevizleri küçük bir tavada kokusu mutfağa yayılana kadar kavurun. Yüksek ısıda pişirirken bu işlem yaklaşık 3-4 dakika sürecektir. Çıkarın ve bir kenara koyun. Pişirme spreyi ile 2 6 onsluk ağır kremayı püskürtün. Her bir muhallebi bardağına bir yumurta kırın. Her iki yumurtayı da folyoyla örtün ve mikrodalganın en yüksek ayarında 40 saniye veya yumurtalar sertleşene kadar bekletin. 1 dakika bekletin ve kağıt havlu üzerine çıkarın. Pastırmayı çıtır çıtır olana kadar bir tavada kızartın. Süzün ve doğrayın. Yağdan tasarruf edin. Büyük bir kapta ufalanmış pastırma, kızarmış ceviz, marul, mavi peynir ve armudu birleştirin. Başka bir küçük kapta yaklaşık 1 çay kaşığı karıştırın. yağ, sirke, yağ, tarhun ve hardalı bir araya gelinceye kadar karıştırın.

Eğlence!